AF383683

NOTICE

DE

LIVRES RARES,

La plupart imprimés dans le quinziéme siècle, dont la vente se fera rue des deux Ecus, à l'hôtel Saint-Antoine, le 16 janvier 1792, et jours suivans après midi.

A PARIS,

Chez LECLERC, Libraire, quai des Augustins.

———

De l'Imprimerie de FIÉVÉE, rue Serpente, no. 17.

AVERTISSEMENT.

LA notice que nous présentons au public contient des livres moins importans par ce qu'ils renferment, que par leur haute antiquité; puisqu'il y en a qui précèdent l'invention de l'imprimerie, & d'autres qui datent de la naissance de cet art.

Trois siècles, et sur-tout les trois dernières années, ont apporté tant de changemens dans la façon de penser des français, et dans l'objet de leurs études, que la plupart des livres imprimés par nos premiers imprimeurs, nous sont devenus absolument étrangers.

A cette époque, il y avoit au moins six siècles que l'on ne s'occupoit que de Théologie, et cela étoit bien naturel; il n'y avoit que des Moines qui eussent des livres. Leur profession, les petites pratiques par lesquelles ils croyoient honorer la Divinité, leur faisoient tourner toutes leurs vues vers la Théologie.

Cette science simple, faite pour tous les hommes, uniquement appuyée sur la révélation et sur la tradition, fournissoit peu d'alimens à des esprits ardens, et d'autant plus ardens que leur réclusion les concentroit d'avantage. De-là les questions sans nombre qu'ils se sont faites pour avoir lieu de les attaquer et de les défendre; de-là l'introduction de la dialectique d'Aristote dans le mode de disputer, de-là l'acharnement, les haines, les vengeances, pour soutenir une opinion inutile, comme s'il s'étoit agi de savoir s'il y a un Dieu.

A 2

Nous ne citerons pas les vaines questions qu'ils agitoient à l'occasion des sacremens de la pénitence et du mariage, et sur lesquelles ils s'appésantissoient avec une morosité bien éloignée du précepte de S. Paul, *nec nominetur in vobis*, qui leur convenoit si fort.

Mais nous citerons volontiers quelques questions dont on ne se formeroit pas l'idée aujourd'hui, entr'autres celles que se fait et auxquelles répond en autant de chapitres, Albert le grand dans son traité *de laudibus Mariæ Virginis* N°. 25 et 68 de cette notice. L'Annonciation a-t-elle dû être faite, par un homme, un ange, un archange, un chérubin, un séraphin, une vertu, une puissance, un trône, une domination, les trois premiers ordres, tous les anges, le Père, le Fils, le S. Esprit, toute la Sainte Trinité : l'Ange a-t-il dû prendre la forme d'un serpent, d'une colombe, d'un homme, et dans ce dernier cas, de quel sexe et de quel âge, puéril, viril, *juvénil*? son habit étoit-il blanc, sale, de deux couleurs? est-il venu le matin, à midi, le soir où à minuit? est-il entré la porte ouverte ou fermée? la Sainte Vierge l'a-t-elle reçu debout, assise, à genoux, prosternée? étoit-elle en prieres, et quelles prieres faisoit-elle? étoit-elle belle? en quoi consiste la beauté, de la proportion des membres, de la couleur des cheveux, des yeux, de la peau, et cent autres questions de pareille valeur.

L'auteur du N°. 74, également sur les louanges de la Ste. Vierge, a peut-être quelque chose de plus ridicule. A propos de l'épithète de trône qu'il donne à la Ste. Vierge, il passe en revue les matières dont les trônes étoient faits, et quand il en est au trône d'ivoire de Salomon, il en prend occasion de comparer la Ste. Vierge à l'éléphant; pour sa préstance, pour sa chasteté etc.; mais entr'autres pour l'inspiration véhémente de cet animal qui déracine les arbres, et qu'il compare à l'inspiration véhémente de la Ste. Vierge pour respirer le Saint-Esprit.

Il seroit facile de multiplier ces extraits; mais nous savons qu'aujourd'hui, ceux qui voient avec le plus de peine, nos esprits s'affranchir des préjugés dans lesquels ils voudroient que nous restassions enlacés, sont bien éloignés de nous proposer de pareilles inepties; nous savons qu'en nous proposant de respecter ces pieux auteurs, ils desirent sincérement que leurs livres restent ensevelis dans un oubli parfait. Mais nous savons aussi que ces livres ne sont pas aussi inutiles qu'on le croit, pour quiconque voudra approfondir la connoissance de l'esprit humain.

Nous savons que, si un jour on entreprend l'histoire des Français, au lieu de l'histoire des rois de France, on ne la fera jamais bien sans connoître de quoi les Français s'occupoient, et on ne le saura que dans des livres composés dans les siècles dont on écrira l'histoire; on y trouvera le principe de leur asservissement dans l'avilissement de leur esprit qu'on accabloit de futilités. On y remarquera que, lorsqu'un homme osoit s'écarter des opinions reçues, il ne manquoit pas de sectateurs, par la tendance naturelle qu'ont les esprits à sortir du cercle étroit où on les renferme, et par le désir inné de jouir de la liberté. Mais que ceux qui vouloient qu'on ne pensât que comme eux, et ceux qui vouloient qu'on ne servit qu'eux, se réunissoient pour étouffer ces nouveautés, et y réussissoient d'autant mieux que la nouvelle opinion, née au sein de l'ignorance, ne valoit souvent pas mieux que celle qui lui étoit en opposition.

C'est cependant sur des productions si étranges que les premiers imprimeurs furent obligés d'appliquer leur art, parce qu'ils travailloient pour des moines, et souvent dans leurs couvens. Leur esprit, occupé à comprendre ce qu'ils faisoient, aggrandit leurs idées; ils les portèrent sur les ouvrages de l'antiquité qu'ils mirent au jour. Depuis un siècle, la prise de Constantinople avoit fait refluer vers l'Italie, les savans de ce pays avec leurs manuscrits; ils donnoient bien quelques leçons, mais quel progrès pouvoit-on faire sans livres? ils étoient d'une cherté extrême.

L'invention de l'imprimerie mit fin à cette barbarie, l'étude ne fut plus concentrée dans les cloîtres. Des esprits affranchis de petites règles, purent avoir des pensées à eux. De-là les savans qui ont paru à la fin du quinzième siècle, et qui se sont si fort multipliés dans les suivans.

Nous reconnoissons que c'est aux inventeurs de l'imprimerie que nous avons l'obligation, sinon d'avoir surpassé les anciens en morale, parce que cette science est de tous les pays, de tous les âges, de tous les hommes, qui portent dans leur cœur le discernement du bien et du mal; sinon en éloquence et en poésie, parce que le génie se cultive et ne se donne pas ; de les avoir au moins surpassé dans la politique, dans l'astronomie, dans la navigation, dans les mathématiques, et de les avoir égalé dans les arts.

C'est par l'effet de cette reconnoissance que l'on a cherché à les connoître, et à recueillir leurs premières productions.

Rarement les plus grandes bibliothèques en présentent un aussi grand nombre que cette notice. Nous avons donc cru qu'il seroit indifférent au public de les voir rangés par ordre de matière, mais qu'il les verroit plus volontiers rangés par l'ordre des années où ils ont parus, avec l'indication des marques distinctives de chaque période, pour mettre sous chacune les livres sans date qui sont en grand nombre.

Nous croyons devoir prévenir que le mauvais gout des allemands a introduit dans leurs caractères, destinés à imprimer le latin, des tournures de lettres allemandes, sur-tout dans les capitales et dans la lettre d, que quand les caractères sont infestés de ces lettres désagréables, on les traite de gothiques, mais qu'il s'en faut de beaucoup qu'ils soient du genre du gothique qui a été en usage au commencement du seizième siècle, et qui est presque illisible pour des Français. Le gothique du quinzième siècle est aussi lisible que les caractères ronds ou romains, seulement ils sont moins agréables à la vue, et pénibles pour les abbréviations, qui sont moins multipliées et plus faciles à suppléer dans les caractères romains.

Malheureusement les Allemands, inventeurs

de l'imprimerie, l'ont propagée dans le reste
de l'Europe, et y ont porté leur mauvais
gout. Des imprimeurs, qui avoient commencé
par se servir de lettres romaines assez belles,
tels que Jenson, ont fini par adopter la figure
désagréable des caractères allemands, jusqu'au
point, qu'au commencement du seizième siècle, on n'imprimoit plus en France, le latin
et sur-tout le français qu'en lettres allemandes. Les Italiens ont changé assez-tôt ce mauvais goût en un autre qui étoit les italiques.
On a enfin renoncé à l'un et à l'autre pour y
substituer les caractères romains, et les efforts
de nos imprimeurs modernes, qui ont surpassé les anciens par l'œil agréable de leurs
caractères, auront fixé le bon goût pour long-
tems. Un caractère gothique presque rond et
très-lisible, est donc une indication d'une édition du quinzième siècle, ainsi que la lettre
e simple pour œ et æ.

Par une suite de leur peu de goût, ils ser-
roient extrémement leur composition; si l'alinéa qui finissoit un chapitre laissoit un peu
d'espace, ils le remplissoient du titre du chapitre suivant. Si le chapitre finissoit la page,
et qu'il laissât une ligne vacante, il la remplissoient du titre du chapitre qui commençoit
la page suivante sans titre; s'ils laissoient ces
espaces vacans, c'étoit pour les remplir à
la main; ils alloient quelquefois plus loin, voyez
n°. 5. De sorte que quand le caractère est
petit, la page ne présente qu'une masse noire,
dont ont est presque dégoûté de découvrir les
formes. Lorsque le caractère est un peu gros,
cet inconvénient disparoît. Il y a même quel-

ques caractères romains anciens qui flattent la
vue par des blancs sagement distribués, et qui
ne laissent appercevoir des défauts qu'en les
examinant de près.

S'il y avoit une préface au livre, le premier
mot étoit *prohemium* au recto, et quelquefois au
verso du premier feuillet, dont la première
page restoit blanche; quelquefois ils omettoient
le mot *prohémium*, et le premier mot du livre
étoit celui de la préface. A la tête de la table
ils mettoient *incipit tabula*, avec ou sans le
nom du livre. Ils mettoient ce nom plus com-
munément à la tête de la matière du livre, et
plus souvent à la fin, dans la souscription.
Mais comme ils obmettoient souvent cette souscription, ou qu'ils n'y mettoient pas toujours
le lieu, l'année de l'impression et le nom du
libraire; de-là les livres dont on ne connoît ni
le lieu ni l'année ; d'autres dont on connoît
l'année sans le lieu etc.

Comme toutes ces variations avoient lieu en
même tems, elles peuvent bien indiquer que le
livre est ancien, mais elles ne peuvent pas indiquer une date approximative. En voici de
particulières qui ne sont venues que progres-
sivement, et qui peuvent servir à classer chro-
nologiquement les éditions sans date.

Il n'est pas venu à l'idée des premiers Imprimeurs, de mettre, à la tête du livre, un frontispice qui annonçât le livre; ils ne mettoient
ni titre courant, ni chifres au haut des pages,
ni signatures au bas, de sorte qu'il n'est pas
possible de savoir si leurs livres sont complets,
qu'en voyant si le sens suit d'un feuillet à
l'autre. Ils ont imaginé un mode qui étoit de

faire une table des premiers mots, des premiers feuillets de chaque cahier, ils n'ont adopté que successivement et assez tard toutes les autres pratiques; nous aurons soin d'avertir quand nous les trouverons employées, mais à coup sur, les livres où on ne les voit pas sont du 15°. siècle, et moins ils ont de ces indications, plus ils sont anciens.

Ils n'avoient d'abord pour ponctuation que le point, quelquefois au bas, quelquefois au milieu de la lettre. Ils se sont servis en même-tems des deux points : sans s'assujettir à la destination de ces variations. Le point interrogant ? paroît aussi dès le commencement. L'indication de ces ponctuations seroit inutile pour fixer l'antiquité du livre ; mais nous indiquerons l'adoption du point admiratif ! qui leur servoit de simple division telle que le point et la virgule; qui n'a été adopté que fort tard, parce qu'ils servoient à abreger l'*u* et *e* du mot *que* q; d'où ils ont conservés dans l'imprimerie le nom du petit *qué* ; ils ont admis ensuite la virgule ainsi figurée ǀ plus tard notre virgule, la parenthese ( ) les crochets qu'ils ont d'abord figurés ainsi ⌊ ⌉.

L'usage de ces Imprimeurs étoit de laisser un espace entre une phrase finite et une phrase commencée; on le remplissoit avec un croissant de lune fait à la main, quand il y avoit des demandes et des réponses, on en varioit la couleur; les imprimeurs les ont fondus et imprimés en noir assez tard, ils ont même pris la figure du signe que nous appellons pied de mouche ¶ ; et enfin ils les ont retranché, et suprimé l'espace.

Les premiers imprimeurs laissoient vacante la place des initiales. C'est-là que les gens riches étaloient un grand luxe, par l'or et les couleurs fines dont ils les faisoient peindre; il y en a plusieurs de belles dans les livres de cette notice. Ils mirent ensuite dans cet espace une petite lettre du texte qui n'empêchoit pas de peindre l'initiale par-dessus. Ils en usoient ainsi, afin que le peintre ne se trompât pas. Ils firent quelquefois ces lettres en bois, ils les firent plus tard en plomb.

On ne se servoit que de chiffres romains; cependant les chiffres arabes étoient connus : on en voit dans le n°. 1 de cette notice, sur les figures, où chaque allégorie a le chiffre du chapitre auquel elle a rapport. Mais dans les imprimés nous les trouvons pour la première fois dans les numéros 10 et 11. Ces chiffres, qui approchent peut-être de la figure des lettres arabes, dont ils sont tirés, sont si différens de la forme que nous leur avons donnée, qu'on a bien de la peine à les lire; on a usé plus tard de nos chiffres actuels.

Quand un mot est coupé d'une ligne à l'autre, ils y mettoient pour signe un simple ou un double accent aigu, qu'ils ont rendu ensuite horisontal; souvent ils y mettoient un simple point, & plus souvent encore ils n'y mettoient rien. Le commencement des lignes étoit très égal, mais leur désinence étoit inégale.

Le papier des livres du 15ᵉ siècle est très-fort, et souvent beau; il y en a quelquefois d'un peu bis. Les allemands, qui fabriquoient ce papier, ont bien dégénéré, ainsi que les italiens, qui en avoient fait de fort beau. Mais l'émulation renaît par-tout ; il faut efpérer que nous ne verrons plus de ces mauvais papiers gris et fluans.

Nous n'avons pas étalé une érudition inutile sur les marques du papier. La même fabrique gardoit long-tems sa marque, vendoit à différens imprimeurs, et l'imprimeur imprimoit le même livre avec du papier de différentes marques ; ainfi on n'en peut inférer ni l'âge du livre, ni quel est l'imprimeut.

Les Moines s'amusoient à mettre une raie rouge sur toutes les capitales d'un livre ; sans doute que cette bigarrure leur plaisoit, parce qu'elle imitoit celle de leurs livres de chœur ; mais comme elle est étrangère à l'imprimerie, et qu'elle a été pratiquée dans tout le courant du quinzième fiècle, nous n'en ferons pas mention.

Ceux qui ne pourroient pas venir à la vente, peuvent adresser leurs commissions au Libraire, qui s'en chargera volontiers, et qui fera voir chez lui les livres que l'on défirera, tous les lundis matin jusqu'à la vente.

NOTICE

DE

LIVRES RARES.

1. **Ars** memorandi notabilis per figuras evangelistarum. *In-folio.*

Livre d'une rareté extrême, dont Papillon dans son histoire de la gravure en bois, dit qu'on ne connoit plus ce livre que par son tirre. Nous allons en donner la decription.

Cet ouvrage consiste dans le sommaire des chapitres de chaque évangéliste.

L'extrait des 21 chapitres de S. Jean contient 3 pages et 3 figures.

Les 28 chapitres de S. Mathieu contiennent cinq pages et autant de figures.

Les 16 chapitres de S. Marc contiennent 3 feuillets et autant de figures, mais il manque la seconde figure, et l'extrait des chapitres 13 à 16, qui forment l'explication de la troisième.

Les 24 chapitres de S. Luc, contiennent 4 feuillets et autant de figures.

En tout 30 feuillets, dont 28 collés l'un sur l'autre, parce qu'ils ne sont tirés que d'un côté, se réduisent à 14; le premier et le dernier qui sont simples achèvent le nombre de 16, qui sont réduits dans cet exemplaire à 15 parce qu'il en manque deux, qui collés l'un sur l'autre feroient le 16ᵉ.

Il est à remarquer aussi que dans cet exemplaire la première et la seconde figure de S. Luc, sont collées l'une sur l'autre et la 2 et 3ᵉ. pages de discours sont collées l'une sur l'autre, contre l'usage de coller l'explication sur la figure qui la précéde.

Le tout est gravé sur des planches de bois; le caractère est le gothique du n°. 4, mais plus gros; 19 lignes de celui-ci en couvre 25 de l'autre. Les figures sont d'une allégorie singulière; elles portent le nombre des chapitres auxquelles elles se rapportent en chiffres arabes différens des nôtres; enfin elles réunissent diverses couleurs, ce qui nous porte à croire qu'elles sont faites à la manière du cartier, avec des patrons percés qui donnent, l'un après l'autre, passage à différentes couleurs.

Le texte nous paroît imprimé en noir, avec l'encre détrempée du cartier, à la presse et avec une planche gravée en relief. L'encre a bavé et n'est pas également noire.

Il n'y a, ni titres, ni chifres, ni signatures aux pages; les initiales à chaque évangéliste sont faites comme les figures.

Les pages du texte et les figures sont entourées d'un gros filet, grossièrement fait, souvent interrompu dans les figures, mais moins dans le texte, ce qui porte à croire que l'on tiroit plus de figures que de texte. Le point au milieu de la lettre est la seule ponctuation.

On croit cet ouvrage antérieur à toute tentative faite pour l'imprimerie, mais toujours dans le quatorzième siècle.

2. Ars moriendi. *In-folio.*

Ce livre, que l'on croit un des premiers essais de Laurent Coster à Harlem, est gravé sur des planches de bois. L'on peut s'en convaincre à l'avant dernière page du texte où l'on voit entre la dix-septième et la dix-huitième ligne le mot *mei* qui avoit été oublié, ajouté en très-fin caractère. La première page est blanche, la seconde commence par ces mots : *ars moriendi*, ensuite vient une préface qui tient la 2 et 3e. page ; à la quatrième est une figure en bois, et en regard à la cinquième le chapitre de l'ouvrage analogue à la figure, ce qui se continue jusqu'à la onzième planche, la dernière page est blanche, tout l'ouvrage contient 13 feuillets, ce qui en fait 24, parce que la feuille n'étant tirée que d'un côté, le feuillet du texte est collé avec la figure suivante, de sorte que les 11 feuillets de figures étant collés sur 11 feuillets du texte forment 22 feuillets, le premier et le dernier feuillet sont simples, ce qui acheve les 24 feuillets.

Le caractère est un gothique approchant de l'écriture ; il n'y a ni titre courant, ni chifres, ni signatures aux pages, mais des titres à chaque chapitre ; il n'y a nulle ponctuation, les pages et les figures sont environnées d'un triple filet. Cette tentative doit être reportée entre 1440 et 1450.

Cet ouvrage est fort différent de celui de Matthieu de Cracovie qui est sous le N°. 56 de ce Catalogue. Cependant ce dernier ouvrage sert de base à celui-ci.

On prétend que ce livre est imprimé avec l'encre détrempée du cartier; nous ne savons sur quel fondement. Cette impression est trop belle pour n'être pas faite avec de l'encre d'imprimerie.

3. Un livre sans titre, mais uniquement composé pour prouver la génération de J. C. dans le sein d'une Vierge. Ce livre gravé en bois est *in-folio*, avec des figures en forme de vignettes faites seulement au trait, et de l'impression gothique gravée au-dessous, sans aucune ponctuation; il contient 16 feuillets tirés d'un côté, et qui ne sont pas collés l'un sur l'autre.

Les deux premiers feuillets ne contiennent chacun que deux peres de l'Eglise, S. Ambroise, S. Augustin, S. Jérome et S. Grégoire, et au-dessous du portrait de chacun un passage relatif à la génération de J. C. tiré de leurs œuvres. Les autres feuillets ont chacun quatre estampes, et quatre conclusions au-dessous, prises d'un effet ordinairement naturel et d'autres non naturels, tirés de différens auteurs même profanes comme: *Diana auri pluviâ à Jove prægnans claret. Cur Spiritu Sancto gravida virgo non generaret. Terentius in Eunucho, Ovidius metamorphoseos. Augustinus de civitate Dei. liv. 2. cap. 7.*

Cet ouvrage qui précéde l'impression en lettres est de la plus belle conservation, et relié en maroquin.

4. Ælii

4. *Ælii Donati opusculum de octo partibus orationis. Grand in-4°.*

Ce livre est sans aucun titre ni souscription; il commence par le texte même : *partes orationis*, *etc.* Il n'y a ni titre courant, ni chiffres, ni signatures aux pages, les capitales sont faites à la main.

Le caractère que l'on pourroit appeler *scriptura grandior*, du tems, et dont nous voyons encore quelquefois des modèles dans les exemples que donnent les maîtres à écrire, est gras, allongé, coupé quarrément, et taillé comme à facettes, l'o à six pans. C'est le caractère de *l'ars memorandi*, n°. 2 des pseautiers de 1457 et de 1459, et de la bible sans date que l'on croit antérieure; mais avec des variations sur la grandeur du caractère. Celui du Donat a la même proportion que celui de la bible. M. Fournier, jeune, dans son manuel typographique, l'appelle *lettres de forme.* Les siennes ne sont pas si bien dessinées que celles du Donat; à la beauté de l'impression, on reconnoît des artistes qui cherchent à donner toute la perfection possible à l'art qu'ils inventent.

C'est le même caractère qui est employé dans les deux pages du Donat, gravées en bois, qu'avoit M. de la Valière. Le caractère de ces planches est moins gros d'un vingtième. Leur point interrogant est très-informe, on soupçonne un c renversé au dessus du point; dans notre édition, on y distingue un c sur le point. Le caractère de notre édition est mieux dessiné. Elle a deux accens aigus pour désigner l'interruption d'un mot d'une ligne à l'autre, comme dans la bible; les planches en bois n'ont rien pour cette indication. On y trouve un accent grave pour tenir lieu de point sur l'i; dans notre édition, c'est un accent aigu; l'une et l'autre employent le point, et les deux points : comme les éditions de la bible et des pseautiers. L'une et l'autre ont des mots réunis sans aucun espace comme *parorationis*, les pages de notre édition sont plus larges et plus longues, ayant 25 lignes. L'ouvrage a 22 feuillets, la dernière page n'a que quinze lignes.

La première page de M. de la Valliere, se trouve être exactement le commencement de l'article de la preposition de notre édition. La seconde fait partie de l'article de la conjugaison du passif du verbe *doceo*, et n'est pas achevée, n'ayant que 16 lignes, au-lieu que la première en a

20. Ce qui peut faire penser qu'on a renoncé à cette édition, lorsqu'on s'est apperçu qu'avec des caracteres mobiles, on imprimoit beaucoup mieux, on aura gravé isolément des lettres en bois, avec lesquelles on aura fait cette édition, dont nous n'avons trouvé nulle mention dans les bibliographes que nous avons consulté.

5. Biblia Sacra in-fol. *Ad calcem legitur*: Presens hoc opusculum artificiosa adinventione imprimendi seu caracterisandi. absque calami exaratione in civitate Maguntii sic effigiatum. et ad eusebiam dei industrie per joannem fust civem et petrum schoiffher de gernsheym clericum diocesis ejusdem est consummatum Anno domini. M. CCCC. lxij. in vigilia assumptionis virginis marie.

Cette souscription et les armes des imprimeurs sont imprimées en rouge.

Le caractere est gothique, mais très-facile à lire; il est mal proportionné, étant trop gras pour sa hauteur, sans délié remarquable. La ponctuation . : ? ce dernier est semblable au notre; il n'y a ni titre courant, ni chiffres, ni signatures; mais seulement des chiffres romains manuscrits à chaque chapitre: au haut de chaque page, on a écrit en capitales le nom du livre qui regne dans la page; il y a un titre à chaque livre de la bible, qui indique la fin du précédent et le nom du suivant, ils sont imprimés en rouge. Les initiales sont faites à la main, celles de chaque livre mieux peintes que les autres.

Il est difficile de concevoir jusqu'à quel point ces premiers imprimeurs cherchoient à ne pas laisser d'espace vuide. Souvent la ligne qui commence le chapitre, n'en tient que deux mots. Le suivant sera le dernier mot du chapitre précédent qui sera suivi du n°. du chapitre qui commence. Pour séparer ces mots, ils faisoient à la main une espece de croissant en rouge, ce qu'ils ont pratiqué dans la suite à toutes les phrases, entre lesquelles ils laissoient du blanc.

Cet exemplaire qui est en beau & fort papier, est lavé, réglé et bien conservé, mais un ancien propriétaire, a jugé à propos d'écrire très-finement entre les lignes des

34. premiers chapitres de la genès. Cet exemplaire est absolument conforme à la description de la bibliographie, excepté qu'étant en papier, et destiné à ne former qu'un volume, on n'a pas mis à la fin du pseautier, l'année et les armes des imprimeurs, qui se trouvent sur celles en velin qui font toujours deux volumes.

6. S. Thomæ. Secunda Secundæ. *Moguntiæ, Petrus Schoiffer de Gernsheim*, 1467, in-folio.

Cette rare édition, d'un des inventeurs de l'imprimerie, commence sans aucun titre par le texte : *poft communem considerationem*. Chaque page est divisée en deux colonnes, et contient 59 lignes. au 252e feuillet fol. verso 2e colonne, le livre finit à la 23e ligne, à la suite de laquelle on trouve la souscription ordinaire de Schoiffer, qui se trouve dans tous les bibliographes.

Ensuite une table en six feuillets ; cet exemplaire est bien conservé.

Ce sont-là les observations particulières à ce livre ; mais en voici d'autres qui conviendront aux suivans ; nous avertirons des changemens.

Le caractère est mal proportionné, ayant trop d'épaisseur pour sa hauteur ; on n'y voit nul délié ; les capitales sont contournées comme les lettres allemandes ; le d initial du mot est de figure allemande ; celui du courant du mot a la figure ordinaire. Il n'y a point de frontispice à la tête du livre ; il n'y a ni titres, ni chifres au haut des pages, ni signatures au bas ; les lettres initiales ne sont point imprimées, mais faites à la main dans un espace laissé vuide. La ponctuation n'a d'autre figure que le point. Lorsque cette figure désigne un grand repos, il y a un espace blanc qui est rempli à la main par une espèce de croissant. Le papier en est beau et fort, comme celui de presque tous les livres imprimés dans ce siècle.

7. Sextus decretalium Bonifacii VIII. *Moguntiæ, Schoiffer*, 1470, in-folio. Sur velin.

Chaque page est divisée en deux colonnes, chacune de 70 lignes de notes, car le nombre des lignes du texte varie. Il est terminé comme le précé-

dent par la souscription de Schoiffer, mais imprimée en rouge, ainsi que ses armoiries. Les titres des chapitres sont imprimés en rouge, très-justement rapportés dans le corps de l'impression. Cet exemplaire est de la plus belle condition.

8. S. Augustinus de civitate Dei. *Venetiis Vindelinus de Spira*. 1470, in-folio.

Le caractère est un romain assez beau, quoiqu'il ne soit pas sans défaut. Outre le point. on trouve dans ce livre le ?; mais point d'espace entre les phrases, pour des croissans.

9. Speculum vitæ humanæ, editum à Roderico Zamorensi. *Augustæ vindelicorum per Gintherum Zainer ex Reutlingen*, anno D. 1471, in-folio.

On y trouve tout ce qui est indiqué dans la bibliographie instructive, excepté les trois feuillets de table; beau caractère gothique, beau papier, point d'intervalle entre les phrases, et par conséquent pas de croissant.

10. S. Thomæ quæstiones de quolibet. *Coloniæ*. Antonius Ther Hoernen, 1471, in-folio.

Une particularité de ce livre est d'avoir le nombre des quodlibet imprimé en capitales allemandes au haut des pages, et la souscription de l'imprimeur avec ses armes imprimées en rouge. Le caractère est gothique, les chiffres arabes, mais différens des nôtres; c'est le premier livre imprimé de cette notice où l'on en remarque.

11. Le même livre.
Tous les deux bien conservés.

12. S. Thomæ Secunda Secundæ, 1472. *Laus deo*. In-folio.
Entre la ligne 1472, et celle *laus Deo*, se trouve écrit en lettre rouge *Ludolfus Imhoff*.

13. Idem.
Dans celui-ci, on ne trouve pas écrits les mots *Ludolphus Imhoff*; l'un & l'autre sont bien conservés.

14. Contemplationes devotissimæ, à Joanne de Turrecremata editæ, atque in parietibus

Mariæ Minervæ caracteribus et figuris depictæ,
1472. in-folio, 16 feuillets.

Il y a des signatures au bas des pages.

15. Idem

16. Hyeronimianus Joannis Andreæ, in quo
Hyeronimi vitam : facta : dicta : atque prodi-
gia ultrà hujus vitæ mortalis perscrutatus est. *Con-
summatus, anno Domini.* M. CCCCLXXII,
nona die augusti. In-folio. Il y à des fignatures.

17. Speculum vitæ humanæ editum à Roderico Zamorensi , *à. Helya Helye alias de.
Louffen canonico , ecclesie ville. Beronensis in
pago. Ergovie site absque calami exaratione.
Vigilia. conceptionis. Marie sub anno ab incar-
natione D.* 1472. In-folio.

En beau papier , en caractère rond , mais qui a
l'air d'un essai , tant il est mal proportionné & mal
aligné. En effet, le supplément au dictionnaire histo-
rique de Ladvocat , nous apprend que ce chanoine
imprimoit ses livres lui-même, et les tiroit sans doute
à bien petit nombre , car ils sont d'une rareté si grande ,
qu'ils sont inconnus à la plupart des bibliographes. Cet
exemplaire , semblable au nº. 9 , est très - bien conservé et conditionné. La table alphabétique s'y trouve.

18. Facta dicta que memorabilia per Valerium
Maximum collecta. *Moguntiæ per Petrum
Schoyffer de Gernsheim ;* 1471, in-fol.

La souscription et les armes sont imprimées en rouge ,
ainsi que le titre de la préface et du premier chapitre , les
titres des autres livres et des autres chapitres sont imprimés en noir , les initiales sont faites à la main. On n'apper-
çoit pas dans ce livre de : mais on y voit des ! qui servent
de : ou de; et des virgules ainsi figurées | il n'y a ni titre
courant, ni chiffres, ni signatures aux pages. Le reste de
la ligne des alinea reste vuide, le papier est beau et fort,
mais il est attaqué de pourriture.

19. Joannis Boccacii de Certaldis Libri de
casibus virorum illusium.

Idem. De mulieribus claris. *Ulmæ Joannes Zeiner de Redtlingen*, 1473. In-fol.

Cette souscription convient au second ouvrage qui n'est pas de même édition que le premier.

Le premier n'a ni titre courant, ni chiffres, ni signatures aux pages, le second a des chiffres aux pages, et des figures en bois, au nombre desquelles se trouve celle de l'accouchement de la papesse Jeanne; l'un et l'autre ont des titres aux chapitres; le premier n'a que des. qui servent à toute division. Le second a les. ! 1 la ( ), le papier du second est plus beau que celui du premier, ils sont également forts, le premier est de l'édition presumée de 1473, dans le catalogue de M. de la Valière.

20. Roberti de Litio opus quadragesimale sic terminatur.

Robertus celeber finxit non parva minorum
Gloria me fratrum Paulo regnante secundo
Quarto sed sixto veniens Hailbrun alemannus
Franciscus formis veneta me pressit in urbe
Mille quadragentis et septuaginta duobus.

In-folio très-rare, car Maittaire ne parle de Hailbrun qu'en 1473.

Le caractère est romain, & le papier fort beau.

21. Leonardi de Utino sermones de sanctis. 1473. In-folio, 2 tom. en 1 vol.

Quoiqu'il n'y ait pas de nom de ville et d'imprimeur à cette édition, elle passe pour être de Venise, chez François de Hailbrun et Nicolas de Francfort. Avec la date de 1473. Elle porte aussi celle de 1446 dans la souscription; mais l'année 1446 est celle où Léonard de Udine a fini sa collection, et non une année d'impression, comme il a plu à quelques bibliographes de le croire.

Le caractère est un beau gothique rond, le papier est beau, la page est divisée en deux colonnes.

22. Idem. en 2 vol.

Il y manque le dixieme feuillet de la seconde partie qui

n'a que 23 lignes et le reste blanc, ou plutôt ce feuillet y est en blanc, et n'a pas été imprimé.

23. Joannis Gerson, compilatio devota in psalmum magnificat. 1473. In-folio, sine loco.

Gerson a composé cet ouvrage à Lyon, où il s'étoit retiré pour éviter la vengeance du duc de Bourgogne, parcequ'il avoit fait condamner la proposition de Jean Petit, qui approuvoit le meurtre du duc d'Orléans. C'est à quoi il fait allusion, lorsqu'il dit à la ~~seconde~~ page de cet ouvrage : *canticum Mariæ tractaturus in solatium peregrinationis meæ.* On trouve aussi dans cette édition le passage qui est à la seconde page : *Benedictus deus qui nos in pcto solitudinis arto collocavit*, imprimé comme dans l'édition de Dupin : *Benedictus deus qui nos in pacato solitudinis atrio collocavit*, au lieu de ceux qui ont trouvé le mot *prato* dans *pcto*. Il faut convenir que le mot *arto* est aussi éloigné d'*atrio* que le mot *prato* de *pcto*.

Ce livre est en caractere gothique qui paroît être d'Eggeistein qui imprimoit à Strasbourg depuis 1471. Ponctuation | qui tient lieu de virgule.

Ejusdem opuscula de examinatione doctrinarum, et tractatus theologisatæ astrologiæ. *In-folio.*

En gros caractere gothique ; ponctuation ! |

24. Speculum historiale Vincentii Bellovacensis divisum in 32. libros. *Per Joannem Mentelin.* 1473. 4. *tom. en* 2. *vol. in-fol.*

Mentelin étoit imprimeur de Strasbourg, caractère rond.

25. Alberti magni opus de mysterio Missæ. *In oppido imperiali Ulm per Joannem Zayner de Redtlingen, summa cum diligentia impressum anno à nativitate D. 1473, in-fol.*

Deest primum folium tabulæ, singulæ paginæ habent 34 lineas, utraque pagina folii 92 habent tantum 17 lineas.

Ejusdem liber de laudibus gloriosissimæ

sanctæ Dei Genitricis Mariæ *in-fol. Sineloco et anno.*

La ponctuation du premier . | ! ? , et celle du second , et :

26. Nicolaï de Ausmo Supplementum ad Summam Pisanellam ordine alphabetico. *Venetiis per Franciscum de Hailbrun, et Nicolaum de Francofordia* 1474 *in-fol.*

En beau caractere gothique mais serré, beau papier.

27. Alvarès Pelago franciscanus Hispanus de planctu ecclesiæ. *Ulmæ Joannes Zayner de Redtlingen* 1474 *in-fol cartâ magnâ.*

On faisoit alors à plusieurs ministres de l'église les mêmes reproches que nous venons de voir renouveller. Caractère gothique, papier fort. L'indication des livres en lettres capitales, au haut des pages, le croissant fondu et imprimé en noir; c'est le premier des livres de cette notice où on en voie et on n'en verra plus que tard. Cette édition qui est la première est fort rare.

Cet exemplaire est conforme à la notice qui se trouve dans la bibliographie instructive.

28. B. Thomæ de aquino summa de quolibet. *Per Joannem Sensenschmidt civem Nuremburgensem, industriosum impressoriæ artis magistrum, et Andream frisner de Bunsidel, imprimendorum librorum correctorem anno à nativitate* Domini. M. CCCC l xx iiij.

S. Augustinus de Trinitate in-fol.

C'est la première édition de ce traité, que l'on croit faite à Milan, chez Valdafer, en 1471.

Tous les deux de caractère gothique de même forme; mais le premier plus gros que le second, bon papier, ponctuation du premier . ! et dans le second ?

29. Jacobi de Clusa Cartusiensis tractatus de animarum apparitionibus post exitum, et de earumdem receptaculis *Burgdorfii* 1475 in-fol. 26 folia.

Caractère rond, papier commun, table des premiers

mots des premiers feuillets de chaque cahier. C'est le premier des livres de cette notice, où on en voie.

Un second exemplaire.

30. Speculum vitæ humanæ Rod. Zamorensis. *A Martino Flachen arte impressoria deditus 1475 in-fol. cum tabula alphabetica.*

Alberti magni summa de Eucharistia

Tractatus de Judæorum et Christianorum convertatione in-fol. *Gothiques.*

Speculum sacerdotum manuscriptum nitidum, *in-folio.*

31 Petri Nigri ordinis prædicatorum, tractatus de conditionibus Messiæ J. C. ad Judæorum perfidiam extirpandam. *Impressus Eslinguæ per Conradum fyner 1475 in-fol. gothique.*

Ad calcem operis nomina hebraica librorum sacrorum in tribus foliis et decalogus in tribus aliis foliis hebraicè et latinè, sed verba hebraica totius operis sunt scripta litteris gothicis, prœter alphabetum hebraïcum. In medio sex ultimorum foliorum reperiuntur duo folia manu scripta luculentissime, caracteribus hebraicis.

32. Aliud exemplar in quo non sunt duo folia manuscripta habraicè.

33. Quodlibet Sancti Thomæ. *Venetiis per Joannem et Gregorium de Gregoriis 1495 in-fol.*
Gothique, titre, chiffre et signature aux pages. Frontispice a la tête du livre, petite lettre dans la place des initiales, et les initiales manuscrites par dessus.

Ejusdem liber de veritate catholicæ fidei contra errores gentilium. *Impressit clarus ac diligentissimus artifex Antonius Pannarts natione germanus in domo viri nobilis de Max. Civis romani anno incarnati verbi M. CCCC LXXV die verq XX Septembris Sixto IIII pontifice maximo anno ejus V.*

Caractère rond et serré mais mal fait, table des mots des premiers feuillets de chaque cahier.

34. B. Thomæ de Aquino glossa continua super Evangelistas. *Norimbergæ Antonius Coburger* 1475 *in-fol. carta magna, deest initium proemii.*

Beau gothique.

35. Eadem 1476 *in-fol. Sine loco. Principium hujus libri est laceratum.*

Beau gothique, titres au haut des pages en capitales.

Livres sans date, qui peuvent se rapporter aux années précédentes.

36. S. Bernardi sermones sine loco et anno in-fol.

Mais à la fin se trouve une table des matières, et à la tête de cette table une lettre écrite à Pierre Drach citoyen de Spire, datée de Heidelberg, la veille des calendes de septembre lxx, en omettant les 1400, dans laquelle on s'exprime ainsi : *Placuit mihi vehementer diebus superioribus te in eam sententiam incidisse, ut dulcissimi et devotissimi Bernardi sermones eximios imprimere decrevisses,* ce qui peut faire juger que cette édition est de ce tems, et faite à Spire ; mais nous ne trouvons cette édition dans aucun bibliographe. Drach étoit imprimeur à Spire, il a imprimé le voyage de Breidenbach en 1502. Voyez n°. 159 de cette notice.

Le caractère est un gothique grossier, il y a des signatures au bas des pages. Cette circonstance auroit pu faire croire que l'édition est moins ancienne qu'on ne la présume, mais on trouve des signatures aux n°. 14 et 16 qui sont de 1472.

37. Plutarchus de viris clarissimis, de graeco sermone in latinum diversis translatus 2 *tom.* en 1 *vol. in-fol.*

On y trouve la lettre de Campanus au cardinal François Picolomini, à la tête de la table du nom de ceux dont les vies se trouvent dans l'ouvrage, mais on n'y trouve pas le sixain latin qu'annonce à la fin de la table, la bibliographie.

instructive. Ce qui pourroit faire juger cette édition plus ancienne. Petites lettres dans quelques initiales, c'est le premier livre de cette notice où l'on en voie.

38. S. Augustinus de civitate Dei cum commentario Thomæ Valois et Nicolai Triveth. in - fol.

Cette édition peu connue des bibliographes, passe pour être de 1470, beau gothique, beau papier fort, il n'y a pas de place pour les croissans, les citations et les sommaires que l'on met en marge sont rentrés dans la page où l'on a coupé les lignes pour leur faire une place. Cet exemplaire est bien conservé. Petites lettres dans quelques initiales.

39. S. Thomas de articulis fidei et de ecclesiæ Sacramentis in-fol. 18 folia.

Gothique, ponctuation . : |

40. Idem.

Mais d'une autre édition, dont le caractère est plus beau et qui a de plus pour ponctuation cette figure ! qui tient lieu de ;, 20 feuillets.

Expositio Henrici de Hassia super orationem dominicam et symbolum, cum sermone S. Augustini super dominicam orationem in-fol.

18 feuillets, même description.

41. Joannis Nyder tractatus de morali lepra in - fol.

Même description, la ponctuation réduite à un .

42. Bohetius de consolatione philosophiæ in - fol.

Gothique, ponctuation . : |

43. Roberti de Litio tractatus de charitate Dei, in quo ostenditur Deum neminem excludere à salutis via *in-fol.*

Caractère romain.

4.. Idem.

45, Ejusdem sermones de tempore.

Caractère romain.

46. Gesta Christi in - fol.

12 feuillets, caractère romain, dont les capitales et le d initial font gothiques.

47. Idem.

48. Thurecensis physici tractatus de Cometis in-fol.

12 feuillets, caractère romain, cet ouvrage a été composé à l'occasion de la comète de 1472, et imprimé dans le tems.

49. B. Cyrilli speculum sapientiæ vocatum Apologeticus in - fol.

Gothique, ponctuation?

50. Guillelmi parisiensis postilla in epistolas et evangelia in - fol.

Beau gothique, ce livre eſt imprimé en 1474, car dans l'explication de l'évangile du commun des vierges : *simile est regnum cœlorum decem virginibus.* On lit vers le milieu : *mora ista est decursus temporis ab ascensione Christi ad diem judicii, quod vocatur mora propter longitudinem. Jam enim duravit 1474 annos.* Et dans les autres éditions, on étend ce délai jusqu'à l'année où on imprime

Bartholomæi de Chaimis interrogatorium, *in-folio.*, ut in n°. 65.

51. Joannes de Turrecremata, de efficacia aquæ benedictæ in - fol. 8 folia.

Caractère romain.

52. Jacobi de Paradiso carthusiensis tractatus de veritate dicenda aut tacenda in-fol. 19 folia.

Caractère beau gothique rond.

53. Compendiosum scriptum psalterii intentionem exprimens in - fol.

Pas si beau que le précédent.

54. S, Leonis sermones in - fol.

On trouve à la tête une épître de l'évêque d'Aleria à Paul II. Cette édition est inconnue à plusieurs bibliographes, et ceux qui en ont parlé la regardent comme antérieure à 1470, et faite à Rome par Udalric Hahn, elle est en beau gothique.

55. L. Annæus Florus in - fol. gothique.

56. Matthæus de Cracovia de arte moriendi. in-4o. 18 folia. Gothique.

57. Tractatus rationnis et conscientiæ de sumptione pabuli salutiferi corporis D. N. J. C. et de articulis fidei, a fratre Thoma de aquino. in-4o. 34. folia. Gothique.

58. Probæ Cento Virgilianus in Christum. in-fol. 12 folia. Beau gothique rond.

59. Hieronimi de Vallibus Jhesuida, carmen de passionne J. C. proverbia salomonis in-fol. 10 folia. Beau gothique rond.

60. S. Hieronimi Epistolæ in-fol. hoc exemplar est laceratum in diversis locis.

Même édition que l'article suivant.

61. Eædem, caractere Mentelliano in-fol. Gothique, l'indication de la fin écrite en rouge, point d'espace pour les croissans, il y en a de manuscrits dans la table. On y compte 139 lettres.

Cette édition paroit plus ancienne que celle de 1470 qui contient 220 lettres, car si on l'avoit eu sous les yeux, quand on a imprimé celle-ci, on n'auroit pas eu la maladresse de n'en imprimer que 139.

62. Astesani summa in - fol gothique.

63. Eadem. In ista editione sunt tantum quinque libri : in altera sex et compendium corporis Juris. Sed ista videtur antiquior, titulus enim generalis et tituli in fronte capitulorum sunt manuscripsi in ista et sunt impressi in altera. Duo folia habent tantum duas columnas impressas.

64. Joannis Gerson opuscula in 4o. gothique.

65. Manipulus Curatorum Guidonis de monte Rocherii in-fol. Comme le no. 89.

Bartholomaei de Chaimis confessionale sive interrogatorium in-fol.

Gothique, mais à la fin de ce dernier ouvrage on trouve

une épigramme qui indique qu'il est imprimé à Milan par Christophe Valdafer. Ce Christophe a fait une édition de ce livre à Milan 1474, in-8°., celle-ci est plus ancienne et inconnue aux bibliographes.

66. Speculum historiale Vincentii Bellovacensis, 4 vol. in-fol. caractere Mentelliano gothico ferè rotundo.

67. Flores S. Bernardi in-fol. de même.

68. Albertus magnus de laudibus Mariæ Virginis in-fol. Comme le n°. 25.

69. Francisci de Platea opus restitutionum. in-fol.

Caractère rond ; les capitales et le d initial sont gothiques.

70. Vitæ Sanctorum Patrum in-fol. gothique.

72. Guillelmi parisiensis postilla in Epistolas et Evangelia, in-fol. Comme le n°. 50.

72. S. Hieronimi epistolæ 139 in-fol. Ad calcem reperiuntur plurimæ epistolæ, S. Hieronimi manuscriptæ luculenter. Comme le n°. 61.

73. Summa Alberti de Eyb quæ dicitur Margarita poetica. In-folio.

Caractère rond, dans lequel sont mêlées quelques lettres gothiques. L'indication des auteurs au haut des pages manuscrite ; car c'est un extrait de différens auteurs, relativement à la rethorique et à la morale. Le folio 72, n'est imprimé qu'à moitié, et est ajouté après coup pour des extraits d'Ovide. Quelques petites lettres dans les initiales.

74. Opus de laudibus Mariæ Virginis. In-folio, gothique.

Cet ouvrage est attribué à Richard de Saint-Laurent, chanoine et archidiacre de l'église de Rouen, qui vivoit vers 1230. D'autres l'attribuent à Albert-le-Grand ; mais son ouvrage, n°. 25 et 68 est différent de celui-ci.

75. Pharetrà ; autoritates et dicta SS. doctorum, philosophorum, et poetarum, ordine alphabetico disposita. in-folio. Cartâ magnâ.

Ceux qui seroient curieux de voir reuni tout ce qui avoit été dit jusques-là contre les femmes, pourroient lire l'article *de amore mulierum*. Caractère gothique.

76. Eadem.

Il y a dans cet exemplaire de très-petites lettres dans les initiales, faites à la main, ou poussées avec des lettres trempées dans l'encre.

77. S. Thomæ-Secunda Secundæ. In-folio. Gothique.

78. S. Augustini epistolæ.

Malogranatum, seu de tribus statibus hominum incipientium, proficientium et perfectorum. In-folio.

Le papier des deux est fort et beau, le caractère gothique.

C'est ici la première édition des lettres de Saint-Augustin, contenue en 263 feuillets à deux colonnes. La dernière page n'a que 27 lignes de la première colonne; le feuillet 70 n'a qu'une colonne d'imprimée plus courte que les autres. On lit à la tête : *Liber epistolarum sancti Augustini incipit feliciter.* Et de suite *domino illustri*, qui est le commencement de l'épître de saint-Augustin à Volusien. Il y a dedans des variantes dont les bénédictins auroient pu profiter dans leur édition.

79. Idem. Malogranatum.

Même édition que le précédent. Ce livre, qui est d'un nommé Gallus, moine de Citeaux, qui vivoit en 1370, a été attribué à Raynier de Pise, par un des possesseurs de l'ouvrage.

S. Augustinus de Trinitate, in-fol.

Même édition qu'au n°. 28, mais dans celuici les sommaires des chapitres sont écrits en rouge, et dans l'autre, la place est restée blanche.

80. Nicolai de Lyra postilla in sacram scripturam, cum additionibus Pauli Burgensis et replicis Matthiæ Doringii, 4 vol. in-fol. deest vol. primum.

Gothique assez rond, mais mal ajusté, on y trouve le texte de la bible entre deux [ ].

81. Sermones aurei de sanctis, compilati per Leonardum de Utino anno 1446. In-folio.

Voyez n°. 21, caractère & chifres arabes gothiques; il manque deux feuillets.

83. Joseph de antiquitatibus judaicis et de bello judaico. In-fol. Impressus caracteribus Guntheri Zainer augustani.

Caractère rond, avec des lettres gothiques. La distinction des chapitres est imprimée, les lettres initiales des livres en bois, celles des chapitres manuscrites. Des figures en bois, très-beau papier et fort.

84. Eneæ Sylvii Epistolæ. In-fol.

Caractère romain, mais mal aligné.

85. Roberti de Litio opus quadragesimale. in-fol. Sic terminatur.

Robertus divi francisci ex ordine scripsit
Hæc tibi quum Paulus papa secundus erat
Ast pressit manibus hæc tersis in Basilea
Bernardus Richel cum Michaele Wensel.
M.CCCC.LXXV fluente. In fronte libri tabula sermonum ad cacem tabula materiarum.

On trouve dans la première moitié du livre, de petites lettres dans l'emplacement des initiales. La première initiale est en bois, le caractère est un beau gothique.

Livres imprimés depuis 1476 jusqu'en 1480.

86. S. Hieronimi Epistolæ *Venetiis Antonius Bartholomei.* 1476, in-folio, 2 tomes en 1 vol.

Beau gothique serré; bon & beau papier; point de frontispice à la tête du livre; point de titre courant, ni de chiffres, mais des signatures aux pages. Les titres des épitres font imprimés en tête de chacune; petites lettres dans les initiales; point de place pour les croissans; il y a des passages grecs en beau grec romain, mais la place des passages hébreux estrestée vuide.

87. Pauli

87. Pauli Veneti summa naturalium. *Venetiis Joannes de Colonia et Joannes Manthen*. 1476. In-folio.

Beau gothique serré ; beau papier ; titres au haut des pages ; petites lettres dans la place des initiales ; point de titres aux chapitres.

88. Avicenna de febribus. Opus compilatum per Gentilem de Fulginatis. *Veronæ Nicolaus Petri de Harlem*. 1476. In-folio magno.

Caractère rond & assez grossier ; beau papier, point de signatures ; petites lettres dans la place des initiales qui font refaites en grand ; de la place pour des croissans.

89. Manipulus curatorum, autore Guidone de Monte-Rocherii. *Coloniæ Bartolomeus de Unckel*. 1476. In-folio.

Omelia S. Gregorii super Evangelia. 1475.

Libellus artis prædicantium expositus à fratre Jacobo Fusingnam et de arte bene moriendi.

Le tout est imprimé avec les mêmes caractères gothiques fort nets, en beau papier.

90. Explanatio S. Ambrosii in corpus evangelii S. Lucæ. *Scripta per Antonium Sorg incolam oppidi Augustensis, ob naturæ naturantis gloriam, hujusque exilii ampliorem eruditionem, straneis Karacteribus artificialiter effigiata*. 1476.

Fratris Bonaventuræ tractatus super gaudiosa ambasiata per archangelum Gabrielem ad excellentissimam et gloriosissimam virginem Mariam annunciata. Speculum Mariæ vocitatus. *Non quidem cyrographatus, sed per fide dignum virum Antonium Sorg concivem augustensem diligenter impressus, Anno salutiferæ incarnationis Christi*, M.CCCCLXXVI. *Pridie Kalendis marciis*. In-folio.

Quoique cet ouvrage foit attribué à St Bonaventure, cependant à cause de la différence du stile, on le croit de Bonaventure Baduarius de Paraga, hermite de St Augustin, qui vivoit à la fin du quatorzieme siecle.

Caractère rond, mêlé de lettres gothiques; initiales en bois, ponctuation . : | le premier a des titres au haut des pages.

91. Idem speculum.

92. Joannis Andreæ tractatus super arboribus consanguinitatis, affinitatis, nec non spiritualis cognationis. *Nurembergæ per Fridericum Creusner.* 1477. In-fol.

Gothique, les arbres gravés en bois.

93. Raynerii de Pisis pantheologia. *Noribergæ Coburger.* 1477. 3. vol. in-fol.

Gothique.

94. Mammetractus, sive explicatio vocabulorum in Bibliis repertorum, autore Mutachesini. 1476. In-fol. Gothique.

95. Idem. Mamotrectus. *Venetiis Nicolaus Janson.* 1479. In 4°.

Gothique; beau papier; titres au haut des pages, & signatures au bas; initiales en petites lettres, mais peintes en grand par-dessus.

96. Clementinarum opus, cum extravagantibus post sextum. *Venetiis Nicolas Janson.* 1479. In-folio.

Gothique; signatures; les titres des chapitres sont imprimés en rouge; de petites lettres dans l'emplacement des initiales des notes, mais non du texte.

97. Nova compilatio descretalium Gregorii IX. *Venetiis Janson.* 1479. In-fol.

Même description.

98. Eusebii historia ecclesiastica è græco translata per Rufinum. *Mantuæ per Joannem Schall.* 1479. *in-fol.*

Beau caractère romain, beau papier; sans titre, ni chiffres, ni signatures aux pages; mais à chacune une réclame; c'est la premiere fois que nous en remarquons dans les livres de cette notice; de petites lettres dans

l'emplacement des initiales, & les initiales écrites par
deffus.

99. Biblia sacra. *Nuremburgæ Antonius Coburger.*
1480. in-folio.

Beau & gros caractère gothique ; des titres & des
chiffres fur les pages, mais point de fignatures ; ponctuation . ! :

*Livres sans date , qui peuvent se rapporter à
l'époque de 1476 à 1480.*

100. Epistolæ Eusebii, S. Augustini et S. Cyrilli de vita et transitu S. Hieronimi in-fol.

Beau gothique rond, point de place pour les croissans.

101. Laurentius Vallensis de libero arbitrio
et providentia divina in-fol. 10 folia.

Comme le précédent.

102. Jacobi Cartusiensis sermones de festis
et de sanctis, autorisati per Calixtum III. In-fol.

Gothique rond, mal aligné ; titre à chaque sermon,
signatures, point de place pour les croissans.

103. Idem.

Cette édition fort semblable à l'autre, n'est cependant pas la même.

104. Ejusdem sermones de tempore, autorisati per h. papam Nicolaum V. in-fol.

Ce volume n'a point de titre en tête des sermons,
ni de signatur.. du reste il paroit conforme au précédent.

105. Idem.

C'est la même éd...n, mais on a écrit en rouge le
jour en tête de chaque ..ermon.

Ces sermons pourroi.. convenir à l'époque précédente, comme à celle-ci. . il n'y a que la signature
et le titre de chaque ser.. . qui y a fait mettre les
sermons des Saints ; ceux du temps n'en ont point, et
nous avons vu des signatures en 1472 , et des titres
en 1470.

106. Jacobi de Voragine sermones de tem-

pore *impressi per Joannem Westfalie.* In-folio.

Jean Westphalus imprimoit à Louvain, en 1475. gothique; au surplus comme au n°. 102.

107. Omeliae S. Joannis Chrysostomi.

Commentarium in epistolam B. Pauli apostoli ad hebræos, translatum à Muciano Scolastico in-4°.

Comme le précédent, Desunt libri de compunctione et de reparatione lapsi, notati in tabulâ.

108. Joannis Quintini sermones aurei super evangelia dominicarum totius anni. In-fol.

Assez beau gothique; il y a des places pour des croissans; au surplus comme le n°· 102.

109. Jacobi Forliviensis commentarium in Galenum. In-fol. gr. pap.

Gothique fort serré.

110. Guillelmi Durandi rationale divinorum officiorum. In-fol.

Beau gothique; point de signatures, mais les feuillets sont chiffrés avec chiffres romains et ont l'indication des livres. Le titre des chapitres est imprimé; il n'y a point de place pour les croiffans.

111. Fortalitium fidei. In-fol. desunt tria folia. Autor creditur esse Alphonsus Spina franciscanus hispanus.

Gothique; beau papier, comme le précédent, excepté que l'indication des livres au haut des pages, n'est mise qu'à la main, et qu'il n'y a pas de chiffres.

112. Cæsarii cisterciensis monachi dialogus miraculorum in-folio.

Gothique, place pour des croissans; au surplus comme le n°. 110, excepté les chiffres des pages.

Livres imprimés depuis 1481 jusqu'en 1500.

113. Fasciculus temporum Werneri Rollwinck, ad pristinum statum reduxit cum quibusdam additionibus Henricus Virceburg de Vach monachus cluniacensis 1481 in-fol.

Viola sanctorum in-folio.

Gothique; un frontispice à la tête du premier ouvrage qui occupe la premiere page. Figures en bois; place pour les croissans et les initiales; tous les chiffres sont romains; la derniere date de la chronologie est de 1477.

Dans le second ouvrage, il y a dans la marge intérieure des dates en chiffres arabes d'une tournure différente des notres; des titres courans au haut des pages; ni chiffres, ni signatures; places pour les initiales; point de titres aux chapitres.

114. Ejusdem Rollwinck fasciculus in-fol.

La derniere date de la chronologie est de 1464, élection de Paul II; mais dans un feuillet ajouté, on y décrit le repas donné à l'entrevue du duc Charles de Bourgogne et de l'empereur Frédéric en 1473, et ensuite on mentionne pour pape Sixte IV, élu en 1471, mais on ne mentionne pas l'année de son élection.

Cette édition est beaucoup plus ancienne que la précédente, les chiffres arabes sont différens des notres. Les pages sont chiffrées en chiffres romains, mais sans signatures; il y a des figures en bois.

115. Un exemplaire double.

116. Idem. fasciculus. *Coloniæ Henricus Quentel*, 1479. In-fol.

Cette édition, plus conforme aux précédentes qu'à celle du n°. 113, va jusqu'à l'année 1474. Il n'y a pas de chiffres aux pages; mais il y des signatures. Les chiffres arabes sont comme ceux des deux précédentes; il y a des figures en bois.

117. Joannis de Turrecremata expositio super toto psalterio. *Argentinæ impressa anno* D. 1482 in-fol.

Gothique; petite lettre dans la place de la premiere initiale et non dans les autres; place pour les croissans, titre à chaque pseaume.

118. Joannis de voragine legendæ sanctorum. *Impressæ Ulm per Joannem zayner* in-fol.

Cet imprimeur est connu depuis 1473 jusqu'en 1484. Comme le précédent; initiales en bois.

C 3

119. Eædem. *Venetiis per Andream Jacobi de Carrhara, impensis octaviani Scoti Modoetiensis.* 1482. in-fol.

Beau gothique ; des signatures aux pages et une table des premiers mots des premiers feuillets de chaque cahier. Point d'intervalle pour les croissans ; on trouve dans ce livre des chiffres arabes pareils aux nôtres.

120. Bartholomæús anglicus de proprietatibus rerum. *Impressus per Petrum Ungar* 1482 in-fol.

Gothique ; titre courant au haut des pages ; signatures, mais point de chiffres ; titres en tête des chapitres ; petite lettre dans la place des initiales ; place pour les croissans ; ponctuation point . virgule | , parenthèse ().

121. Titus Livius , *Tarvisii per Joannem Tarvisium impressus* 1482. In-fol.

Caractère romain ; beau papier ; de petites lettres dans la place des initiales dans l'Epitome de Florus qui précéde , mais non dans le Tite-Live ; signatures ; table des premiers mots des premiers feuillets des cahiers ; point d'intervalle pour les croissans.

122. Petri Marsi interpretatio in libros Ciceronis de officiis , de amicitia , de senectute , et in paradoxa. *Venetiis per Baptistam de Tortis* 1486.

Idem in Ciceronis Rhetoricam *Venetiis Joannes de Forlivio et Joannes Britannicus* , 1483 , in-fol.

Dans le dernier il y a de petites lettres dans la place des initiales ; place pour les croissans ; au surplus comme le précédent.

123. Isidori hispalensis libri XX etymologiarum et libri III de summo bonno *Venetiis per Petrum Loslein de Langencen* 1483. in-fol.

Gothique serré ; indication des livres, & chiffres arabes, qui diffèrent peu des nôtres , au haut des pages ; signatures ; emplacemens d'initiales et de croiss-

fans; les paffages grecs font d'un caractère femblable
au romain; les paffages hébreux font restés en blanc.

124. Isidori Etymologiarum libri XXI in-
fol.

Dans cette édition, il y a deux livres quatriemes,
l'un *de rerum naturâ*, qui traite de l'aftronomie; l'autre
de Medicinâ. Dans l'édition précédente, il n'y a que le
fecond. Dans le premier des deux quatriemes livres,
de cette édition, il y a des figures en bois; celles du
refte de l'ouvrage, qui se trouvent en bois dans la précédente édition, font faites à la main dans celle-ci;
cependant le premier des deux livres quatriemes, qui
a une préface particulière, a été imprimé en même
temps que le refte.

Les chiffres répandus dans l'ouvrage font romains.
Les titres des chapitres font imprimés; il n'y a ni
titres, ni chiffres, ni fignatures aux pages; point de
place pour les croiffans; les paffages grecs & hébreux
font restés en blanc. Le caractère, qui est prefque romain, est si mal deffiné, qu'il a l'air d'un gothique
arrondi. On peut reporter cette édition à 1472. Le
traité *de Summo Bono* ne s'y trouve pas.

125. Sermones notabiles valde et multum
formales fatris Socci ordinis cisterciensis, de
Sanctis. Sic nuncupati cum de suco id est de
medulla sacræ paginæ stilo subeleganti exqui-
sitissime sint collecti, *ad calcem reperitur hæc
subscritio*: sermones socci de sanctis, floſculis
melliflui doctoris S. Bernardi præ cœteris
utcumque eromati. *A sagaci viro Joanne de
Gruñingem in inclitâ argentinenfi civitate diligenter elaborati anno à Christi nativitate, 1484,
ydus mensis Aprilis expliciunt feliciter.*

La premiere partie du titre paroît en nommer l'auteur *Soccus*; la feconde partie qui explique le mot
Soccus & la foufcription qui ne donne plus de qualité
au prétendu *Soccus*, n'en font qu'un adjectif de *Sermones*, qui s'it peut-être étendu par fobriquet jufqu'à
l'auteur; mais les bibliographes qui en ont parlé, s'ac-

cordent à le nommer Conrad, & ne varient que sur le couvent dont ils le disent moine ; le plus grand nombre le font moine de Mariemayd, prés Hildesheim.

La date est en chiffres arabes pareils aux notres ; il y a des titres courans & des signatures aux pages, des titres aux sermons ; des places vuides pour les capitales & les croissans ; le caractere est gothique. Il y manque deux feuillets.

Dans les sermons du tems du même auteur ; on lit *succi*, au lieu de *socci*, ce qui revient mieux à l'étymologie.

126. Arbor vitæ crucifixæ Jesu ; opus Ubertini de Casali. *Venetiis Andreas de Bonettis*, 1485 in-fol.

Caractere romain serré ; titre au haut des pages & signatures ; sans chiffres ; place pour les initiales & les croissans ; titres aux chapitres, ce qui devient général.

127. Cassianus de institutis cœnobiorum, de causis et remediis vitiorum, de collationibus patrum *Basileæ* 1485 in-fol.

Premiere édition : gothique ; frontispice à la premiere page ; petites lettres dans la place des initiales ; au surplus comme le précédent.

128. Prisciani opus grammaticum, et tralatio Dionysii de situ orbis. In-fol.

Caractere romain ; point de frontispice ; table des mots des premiers fueillets de chaque cahier ; au surplus comme le n°. 127 ; les passages grecs sont en grec romain.

129. Pauli Veneti Scriptum in libros posteriores Aristotelis. *Venetiis Guillelmus de monteferrato* 1486 in-fol.

Caractere gothique fort serré ; place pour les initiales & les croissans ; au surplus comme le n°. 128.

Esopi fabulæ è græco latinæ per Rimicium factæ, quibus adjunctæ sunt Aviani, Poggii et aliorum fabulæ in-fol.

Gothique. Les initiales de la prose sont en bois, celles

des vers sont en grande partie représentées par une petite lettre. Les figures des fables sont grossièrement gravées en bois et grossièrement coloriées, ponctuation . : | ? () au surplus, comme n°. 126.

130. Tertia pars summæ S. Thomæ de Aquino. *Venetiis ductu Bernardini de Tridino et monte de ferrato 1486.*

Petit caractère gothique serré, place pour des croissans, au surplus comme le n°. 128.

Germanorum veterum principum zelus et fervor in christianam religionem, Deique ministros, autore Lupoldo Bebenburgio. *Basileæ Joannes Bergman de Olpe.* 1497.

Caractère romain, pages chiffrées avec signatures, additions à la marge. au surplus comme au n°. 127.

Annotationes, sine reportationes margaritarum omnium decretalium, secundum ordinem alphabeti. *Basileæ Nicolaus Kesler,* in-fol.

Kesler imprimoit dans les 20 dernières années de ce siècle. Gothique, point de croissans, au surplus comme le n°. 127.

131. Summa rudium de sacramentis, officio Missæ, horis canonicis et censuris ecclesiasticis. 1486 in-fol.

Gothique, place pour les croissans, au surplus comme n°. 127.

132. S. Ambrosii de officiis libri tres. Vita gloriosæ Virginis Mariæ. De obitu S. Satyri fratris sui, de bono mortis, de cruce et resurrectione Domini; cum vita S. Ambrosii per Paulinum episcopum Nolanum; *opera et impensis Philippi Lavagnae Mediolani Vldericus Scinzenzeler.* 1488. in-4°.

Caractère romain, au surplus comme le n°. 131.

133. Introductorium in Astronomiam Albumasaris abalachi. *Augustæ Vindelicorum* Erhardus Ratdolt 1489.

Éjusdem flores Astrologiæ 1495.

Idem de magnis conjunctionibus, annorum revolutionibus ac eorum profectionibus. 1489. in - quarto.

Ces trois ouvrages, imprimés par le même imprimeur, ont chacun un frontispice à la première page; le caractère est gothique, il y a des signatures, les croissans sont imprimés, initiales et figures en bois.

134. Jacobi Philippi Bergomensis supplementum chronicarum. *Venetiis per Bernardum Rizum de Novaria* 1490 in-fol.

Gothique : titre courant, chifres et signatures, les chifres employés dans cet ouvrage, sont comme ceux d'aujourd'hui. Lettres initiales en bois, d'autres faites à la main avec une petite lettre dans le milieu, les croissans imprimés.

135. Tragœdiæ Senecæ, cum commento Gellii Bernardini Marmitæ ; *Lugduni Antonius Jambillon et Marinus Sarrasin.* 1491 in-4°.

Caractère romain, titre à la première page, signatures, croissans imprimés. Ils prennent la figure de ce que l'on appelle pied de mouche en imprimerie ¶ petite lettre dans la place des initiales.

136. Felicis Malleoli, vulgo Heminerlin, de nobilitate et rusticitate dialogus.

Alberti magni commentatio in par vanaturalia Aristotelis. *Coloniæ Joannes* 1491. in-fol.

Gothique, frontispice à chacun des deux ouvrages, titre courant et signature de même, mais il n'y a de chifres qu'au premier. Petite lettre à la place des initiales, le premier est sans indication de lieu et d'année, on voit seulement sur le titre qu'il a été composé en 1444. Ce dialogue est le premier de ses opuscules et le plus rare ; le second est au n°. 154, et est le plus amusant. On y voit le portrait de l'auteur, gravé en bois.

137. Justinus et Florus. *Mediolani apud Minutianum*, 1502.

Diodorus siculus à Poggio traductus. *Impressum per Philipum Pincium Mantuanum*, 1493.

Isocratis oratio de laudibus Helenæ Joanne Petró Lucense interprete. Herodotus traductus à Laurentio Vallense. *Venetiis Antonius Moretus sine anno*, in-fol.

Le tout en caractère romain, les initiales peintes. Distinction des livres, chiffres et signatures aux pages, le 2 & 3e. ont des petites lettres dans la place des initiales, à la fin du second, il y a une table de mots des premiers fe illets des cahiers, le troisième a un frontispice à la première page.

138. Joannes de Trittenheim de Scriptoribus ecclesiasticis. *Basileæ*, 1494. In-fol.

Première et rare édition en caractère romain, petite lettre dans la place des initiales. Titre, chiffres et signatures aux pages, frontispice à la première page.

139. Carmina de beata virgine Maria, quæ et Partenice dicuntur, autore Baptista Mantuano Carmelita. *Parisiis Georgius Wolf et Philippus de Cruzenhac Gruas, 1494.*

Publii Fausti Andrelini Amores et Elegiæ. Carmen de fuga Balbi ex urbe parisia. Ovidii in Ibin opusculum. *Parisiis Felix Baligaud*, 1494. In-4º.

Le premier est en beau caractère romain, les pages n'ont que des signatures. Le titre est au verso du premier feuillet avec une figure allégorique de la sainte Vierge. Il y a de petites lettres dans la place des initiales.

Les amours d'Andrelini sont en caractere gothique, ses autres poésies d'un caractere plus rond, ils ont chacun un frontispice avec l'enseigne de Baligaud, les pages ont des signatures.

140. Lutolphi de Saxoniâ Vita christi. *Nuremburgæ Ant. koburger*, 1495. in-fol.

Caractère gothique, point de chiffres aux pages, au surplus comme nº. 138.

141. La vie de J. C. de Lutolphe, trad. par Guillaume le Menand. *Lyon Jacques Buyer et Matthieu Buss*, 1487. In-fol.

Gothique, des signatures aux pages, croissans faits à la main quoiqu'il n'y ait pas de vuide, figures en bois.

142. Jacobi de Voragine legenda de vitis Sanctorum. *Lugduni Matthias Buss*, 1486. In-fol.

Figures en bois grossièrement faites, il manque les deux premiers feuillets de la table.

Gothique, signature; petite lettre dans la place des initiales.

143. Catholicon abbreviatum per Martinum Morin. *Rothomagi* 1492 in-4°.

Gothique, signatures, frontispice à la premiere page, petites lettres en place des initiales, ponctuation. |

144. Juvenalis Satyræ, cum commentario Ant. Mancinelli. *Nuremburgæ Antonius koburger.* 1497. in-fol.

Caractère romain, ponctuation.:? au surplus comme le n°. 138.

145. Opuscula S. Thomæ. *Venetiis mandato et expensis Octaviani Scoti per Bonetum Locatellum*, 1498. in-fol.

Gothique, initiales en bois, au surplus, comme au n°. 138.

146. Joannis Pici Mirandulæ opera omnia. *Diligenter impressit Bernardinus Venetus*, 1498.

Disputationes adversus astrologos libri XII.

Proemium operis adversus astrologos. Epistola ad oliverium Carafam, altera ad veritatis amantes, tabula operis, terminata his verbis.

Disputationes Joannis Pici Mirandulæ litterarum principis adversus astrologiam divinatricem quibus penitus subnervata corruit in-fol.

Cette belle édition qui est souvent imparfaite, se trouve ici complette. Elle est en caractères romains, beau papier, un frontispice, des titres et des signatures aux pages, initiales en bois, et petite lettre à la place des autres, en marge il y a des additions.

147. Nicolai Perotii cornucopia, sive linguæ latinæ commentarii in Martialem. Typis excusa Studio Pyrrhi Perrotii. *Venetiis Aldus* 1499 in-folio.

Caractère romain fort rapproché, chiffres et signatures aux pages, ponctuation . : , c'est la première fois que l'on voit user de notre virgule. Frontispice, petites lettres à la place des initiales. Chaqne ligne est chiffrée pour la facilité de la recherche.

148. Bonæ Spei Puteani liber Apum, seu de Apibus mysticis, seu universale bonum. *Parisiis in vico S. Jacobi apud S. Benedictum ad signum S. Georgii* 1500. in-fol.

Gothique encore facile à lire, initiales en bois et d'autres en fonte, c'est le premier livre de cette notice où l'on en apperçoive, croissans également fondus, ponctuation . : ? le reste comme au n°. 138.

Le titre n'indique guères le sujet ; il y est question du devoir des ecclésiastiques, et à ce propos on y compte des historiettes sans fin : entr'autres celle des béguines de Nivelle qui, se sentant brulées dans les membres avec lesquels elles avoient péché, furent gueries par l'intercession de sainte Gertrude ; mais une fille invoqua la sainte en vain pour le même mal, parce qu'elle n'étoit pas béguine, son bras tomba tout noir.

149. Commentarii à Philippo Beroaldo conditi in Asinum aureum Lucii Apuleii *Bononiæ Benedictus Hectoris*, 1500. in-fol.

Caractère romain, les passages grecs en grec romain, sans signatures, additions en marge, au surplus comme au n°. 138.

Livres sans date qui peuvent se rapporter à cette époque.

150. Ludolfi Cartusiensis qui et autor fuit vitæ christi, expositio in psalterium *in-fol.* ad

calcem repriuntur F. Pétrarchæ psalmi, pœnitentiales et confessionales quibus deest tertium et ultimum folium.

Gothique avec un frontispice, sur le revers duquel on lit une épitre de Jacques Wimphelengius, *ad litterarum cultores. Spiræ*, 1491. Il n'y a que des signatures aux pages, ponctuation. ( ) initiales et croissans manuscrits.

151. Vocabularius brevidicus gallicè exponens dictiones rerum multarum. *Parisiis Antonius Caillaut* in-4°.

Caillaut, imprimoit à Paris en 1483. Ce livre est gothique, avec signatures, petites lettres dans la place des initiales.

152. Translation en français du postille de Nichole de Lyra, sur les pseaumes. *Paris, Pierre le Rouge*. 2 vol. in-quarto.

Le Rouge a commencé à imprimer en 1487; caractère absolument gothique, additions dans la marge intérieure et extérieure, au surplus, comme au n°. 138.

153. Directorium humanæ vitæ, alias parabolæ antiquorum sapientum ; vertit in linguam latinam Joannes de capua.

Gothique facile, la place des initiales est vuide, figures en bois ; au surplus comme au n°. 138.

Henrici Springeri malleus maleficarum ; præcedit hunc tractatum bulla Innocentii VIII. contra maleficas et approbatio doctorum coloniensium anni 1487. Illum sequitur bulla ejusdem Innocentii circa indulgentias anni 1488. Cum duobus tractatibus de indulgentiis per Joannem de Fabrica, et Nicolaum Richardum, *in-fol* caracter tractatuum de indulgentiis imitatur manuscripturam.

Beau gothique, les pages ont des signatures, la place des initiales est vuide.

154. Felicis Hemmerlin variæ oblectationis opuscula, In-folio.

On trouve à la tête une pièce de vers de Sébastien Brandt, datée de Basle, 1497. Voyez le n°. 136.

Gothique, et comme au n°. 138.

155. Aliud exemplar.

156. Nicolai de Lyra postilla in sacram scripturam, *per Joannem Syber, summa cum diligentia impressa.* 4 vol. in-folio.

Hoc opus est integrum, sed volumen prophetarum in cartâ minori est alterius editionis, et in isto visiones Ezechielis sunt pictæ.

Syber, imprimoit à Lyon en 1498, gothique, titre et signatures aux pages.

157. Almanach perpetuum, in quo reperiuntur tabulæ solis, lunæ et planetarum, autore Abraham Zacut, cum additionibus Alphonsi Hispalensis de Corduba, ex editione Joannis Michaelis. in-quarto.

Gothique, frontispice, signatures. Les chiffres arabes qui font en grand nombre dans cet ouvrage, sont modernes.

Dernière époque depuis 1500, où la forme d'imprimer a peu varié jusqu'à présent.

158. Antonii Campani opera, ex editione Michaelis Scoti. *Venetiis Bernardinus Vercellensis, jussu D. Andreæ Torresano de Assula,* 1502. In-fol.

Caractère romain & beau papier, frontispice à la première page, reclame de feuillet en feuillet, ce qui est quelquefois omis, ponctuation . : ? croissans imprimés, table des premiers mots des premiers feuillets de chaque cahier, Il y a un privilège de Louis Sforce, duc de Milan, du 26 mars 1495, accordé à Michel Fernus, date d'une édition faite à Venise, d'après laquelle celle-ci a été faite.

159. Bernardi de Breydenbach sanctæ peregrinationes in monte Sion ad venerandum

christi sepulchrum in Hierusalem. Atque in monte Sinaï ad divam virginem et Martyrem Katharinam *per Petrum Drach civem spirensem impressæ.* 1502. in-fol. *Cum tabulis ligneis.*

Autant l'article précédent s'approche de l'impression moderne, autant celui-ci s'en éloigne, point de frontispice, de titre ni de chffires au haut des pages, encore moins de reclame. Un caractère gothique, des fignatures, pour ponctuation . ( ) ce signe | pour virgule.

160. Libanii epistolæ, cum argumentis et exemendatione Joaanis Sommerfeldt. in-quarto.

Sine loco et anno, sed cum dedicatoria Matthiæ Drebicio. *Cracoviæ.* 1504. In qua memoratur Joannes Clymes bibliopolam cracoviensem, ad cujus instantiam hunc Sommerfeldt correxit libellum.

Caractère romain, frontispice, signature, petite lettre en place des initiales, ponctuation . : ? additions en marge.

161. Aristoteles de animalibus, Theophrastus de plantis. Aristotelis et Alexandri Aphrodisiensis problemata, Theodoro Gaza interprete. *Venetiis Aldus,* 1513. In-fol.

Hæc editio notatur anni 1504, à quibusdam bibliographis propter dedicatoriam, quia non investigarunt annum editionis ad calcem operis Aristotelis de animalibus.

Caractère romain, reclame d'un feuillet à l'autre; il en manque souvent. Les alinéa sont chiffrés, ponctuation ., ? ( ) au moyen de la virgule, on ne voit pas de : qui en tenoient lieu; au surplus comme au n°. 138. A la fin on voit deux tables, l'une des noms latins, traduits en grec; l'autre des noms grecs, traduits en latin. Ce n'est plus le beau grec du quinzième siècle; c'est celui qui est en usage.

Almagestum Cl. Ptolemæi, omnes cœlorum

motus

motus continens. *Venetiis Petrus Liechtenstein.* 1515. in-fol.

Caractère gothique, mais facile à lire; les initiales sont en bois ou fondues, ainsi que les croissans. Titre courant, chiffres et signatures aux pages; figures de géométrie en bois à la marge.

162. Joannis de lapide opus resolutionum dubiorum circà celebrationem missarum. *Coloniæ Henricus Quetell.* 1506.

Regulæ pastorales Gregorii Papæ.

Jacobi de Marcepallo tractatus de Eucharistia. in-quarto.

L'édition du Paſtoral est ancienne et faite en Allemagne. Gothique presque rond, sans titres, chiffres, ni signatures aux pages. La place des initiales est vuide; il y a des titres à chaque chapitre.

Les deux autres sont de petit caractère gothique, faciles à lire. Le premier a des titres au haut des pages. Il n'y a de chiffres ni à l'un ni à l'autre; mais ils ont des signatures, des croissans fondus.

163. Bartholomæi de Pisis opus de conformitate vitæ B. Francisci ad vitam D. N. J. C. editum per Franciscum Zenonem. *Mediolani per Gerardum Ponticum.* 1510, prima editio cum anno.

Caractère romain fort serré, titre, chifres, signatures, croissans fondus, petite lettre ou place des initiales.

Nicolai Horii poemata et orationes in laudem nostræ sanctæ fidei catholicæ. *Lugduni per Joannem Sacon*, 1507. in-fol.

Beau caractère romain, frontispice, signatures aux pages, croissans fondus, lettres initiales en bois.

165. Eusebii chronicon, Hieronimus latinum facere curavit. *Parisiis, Henricus Stephanus,* 1512. In-quarto.

Caractère romain, frontispice, titre, chiffres et signatures aux pages, ponctuation . : | croissans fondus, des passages de ce livre sont tirés en rouge, ils s'accordent bien avec le noir ; cette chronique est continuée jusqu'en 1512, par Jean Multivallis.

166. La mer des chroniques, et miroir historial, trad. du latin de Robert Gaguin, par Pierre Desray, *Paris, Philippe le Noir, in-folio.*

Le Noir a commencé à imprimer en 1524.

Caractère très-gothique, frontispice, titre, chiffres, au haut des pages, signatures, ponctuation . : croissans fondus.

167. Chronique de Nuremberg, en allemand. 1493. in-fol.

Figures en bois.

168. Joseph de l'antiquité judaique. *Paris, Nicolas Cousteau pour Galliot du Pré,* 1534. In-fol.

Comme le n°. 166, cette figure | pour virgule.

169. Di Francisco Priscianese tractato della lingua romana. *Vinegia Bartolomeo Zanetti da Brescia,* 1540. In-4°.

Livre rare et fort estimé par les italiens.

170. Guillelmi postelli de orbis concordia libri IV. In-fol.

On croit cette édition faite à Bâle, chez Oporin, en 1544 ; elle a toutes les indications de nos éditions actuelles, excepté le ; qui sert encore d'abréviation à *que* q ; le caractère est romain.

171. Le pimandre de Mercure Trismegiste, trad. du grec, par François de Foix. *Bordeaux, Millanges,* 1579. In-fol.

Comme le précédent.

172. Les Hierogliphes de Pierre Valerian, trad. par Jean de Montlyard. *Lyon, Paul Frellon.* 1615. In-fol.

Les ; paroissent dans cette édition ; elle est parfaitement conforme à nos éditions actuelles. Il y a des figures en bois.

173. Décadence de l'empire Grec et éta-
blissement de celui des Turcs, par Chalcon-
dile, traduit par Blaise de Vigenere. *Paris*,
1633. In-fol. Figures en bois.

174. Bibliotheca maxima veterum patrum,
cum apparatibus Nicolai le Nourry. *Lugduni*,
1677. Et. *Parisiis*. 1703. 29. vol. In-fol.

175. Corpus juris canonici ex editione Pi-
thoeorum *Lipsiæ*. 1695. In-fol.

176. Vida de Leopoldo primero. *En Milan
en la emprenta real por Marcos Antonio Pan-
dolfo Malatesta*, 1696. 2 tomes, en 1 volume.
in-fol.

177. Novum testamentum græcum, studio
Joannis Millii, ex editione Ludolfi Kusteri
Roterodami, 1710. In-folio.

178. B. Bernardi sermones ad fratres Car-
tusienses de monte Dei.
Omeliæ X. Eusebii Emisseni
Opuscula S. Bernardi.
Manuscrits anciens; mais bien écrits.
Decreta et acta Concilii Basiliensis. In-4°.
Gothique.
L'épître dédicatoire qui manque, indique que c'est
la première édition de ce concile, & qu'elle a été im-
primée à Bâle en 1499.

179. Invectives de Luther, contre l'église
romaine. *Wittemberg*. 1524. In-quarto.
Figures en bois, édition originale en allemand.

180. S. Bernardi opera, ex editione Joannis Mabillon. Paris. 1690. 2 vol. in-fol.

181. Jac. Sirmondi opera. *è typogrphiâ
regiâ*. 1696. 5 tomes en 3 volumes in-fol.

182. Traité de la Cavalerie, par M. Drum-
mond de Melfort. *Paris, Desprez*, 1776. 2 vol.

in-fol. , dont un de figures de forme atlan-
tique.

183. Francisci Philelphi orationes et epistolæ. *Parisiis Dionisius Roce*, 1515. 2 vol.
in-4°.

184. La Conjuracion de Catilina, y la guerra
de Jugurta, por Cayo Salustio crispo. *Madrid*,
par Joachin Ibarra, 1772. In-folio , maroq.
dent.

Cette magnifique édition, qui contient le texte de
Saluste et la traduction espagnole, fait voir ce que peuvent les princes et les personnes riches sur l'industrie
de leurs concitoyens ; tout ce qui compose cet ouvrage a été
fait en Espagne et par des espagnols, papier , caractères
et gravures. L'impression peut le disputer à nos meil-
leurs imprimeurs françois, qui ont fait des chefs-d'œuvres. On peut même douter qu'ils aient atteint l'égalité
du tirage de ce livre dans les différens caractères dont
il est composé.

Il est vrai que les soins que l'on a donné à cette
édition , et le petit nombre auquel on l'a tiré, ne
pourroient pas convenir à des livres ordinaires.

F I N.

FAUTE A CORRIGER.

Page 15 , ligne 5 , *quatorzième* ; lisez *quinzième.*